Zitat von Max Frisch

„Man sollte die Wahrheit dem anderen wie einen Mantel hinhalten, dass er hineinschlüpfen kann – nicht wie ein nasses Handtuch um den Kopf schlagen.“

MIX
Papier aus verantwortungsvollen Quellen
Paper from responsible sources
FSC® C105338

Gisela Krämer

Leicht verständliche Diplomatie

Kommunikation mit Stil und Erfolg

So geht´s

Impressum

1. Auflage Oktober 2023
Copyright © Gisela Krämer 2012 - 2023

Alle Rechte vorbehalten.

Das Werk einschließlich aller seiner Teile ist urheberrechtlich geschützt. Jede unerlaubte Verwendung (wie z.B. Vervielfältigungen, Übersetzungen, Einspeicherung und Verarbeitung in elektronischen Systemen) außerhalb des Urheberrechtsgesetzes ist ohne Zustimmung der Autorin unzulässig und strafbar.

Quellen der Bilder: shutterstock_225720955 linzenzed

Herstellung und Verlag: BoD – Books on Demand, Norderstedt
ISBN: 9783757891824

Bibliografische Information der Deutschen Nationalbibliothek: Die Deutsche Nationalbibliothek verzeichnet diese Publikation in der Deutschen Nationalbibliografie; detaillierte bibliografische Daten sind im Internet über http://dnb.dnb.de abrufbar.

© 2023 Gisela Krämer

Inhaltsverzeichis

Diplomatische Kommunikation

Kommunikation ist komplex, aber letztendlich geht es darum, den Kontakt zwischen sozialen Wesen zu ermöglichen. Obwohl es viele Kommunikationsformen gibt, bleibt dieser Kernzweck stets gleich. Im Alltag wirkt Kommunikation reibungslos, besonders zwischen Menschen, die sich mögen, und erfordert oft keine zusätzlichen Techniken oder Perspektiven. Warum also noch ein Buch über Kommunikation und Diplomatie?

Weil die 20 % der Kommunikation, die nicht reibungslos funktionieren, zu Problemen, Konflikten und erheblichen Störungen führen können.

Lassen Sie uns dem Vorbeugen und Ihre Kontaktfähigkeiten und Abgrenzungsfähigkeiten verbessern. Wir werden gemeinsam neue Wege finden und üben.

Viele denken beim Gedanken an diplomatische Kommunikation zunächst an Manipulation, also daran, nett zu sein, die Wahrheit zu verschleiern und andere zu beeinflussen, ohne dass sie merken, dass die Verhandlung nicht zu ihren Gunsten verläuft. Doch das ist nicht das Wesen von diplomatischem Verhalten. Es geht weder darum, aus reiner Nettigkeit zu handeln, noch verliert irgendjemand in diplomatischen Gesprächen.

- Diplomatie betrachtet Verhandlungsteilnehmer auf partnerschaftlicher Ebene.
- Sie erfordert Kompromissbereitschaft statt Konfrontation.
- Das Erkennen der Absichten und Wünsche aller Beteiligten ist entscheidend.

- Diplomatie sucht Win-Win-Situationen, bei denen alle gewinnen.
- Sie vermeidet das Bloßstellen oder Bedrängen von Gesprächspartnern.
- Gleichzeitig fördert sie langfristigen Nutzen durch neue Perspektiven.
- Alle verzichten auf kurzfristige Vorteile, um Konflikte zu vermeiden.

Die Basis dafür ist: Gegenseitige Wertschätzung, Dialogwunsch und kommunikatives Geschick.

Erste grundlegende Überlegung

Sagen Sie nur, was Sie auch in Anwesenheit der betroffenen Person sagen würden. Dies ist herausfordernder als die einseitige Kommunikation über digitale Medien wie E-Mails, WhatsApp und Slack, da direkte Gespräche Emotionen und Reaktionen unmittelbar sichtbar machen. Dabei übersehen wir oft, wie wertvoll diese Art der Kommunikation ist und wie viel wir durch sie gewinnen können.

Zweiter Hinweis

Wählen Sie angemessene Worte, damit Sie niemanden beschämen. Das bedeutet, die Kommunikation so anzupassen, dass der Andere mich versteht und wir die Grenzen der Legitimität wahren – sowohl für mich als auch für ihn. Hierbei beziehe ich mich auf sensible Themen wie Hot Buttons, Trigger und wunde Punkte.

Dritter grundlegender Punkt

Reputation und Glaubwürdigkeit. Aufrichtigkeit ist das Wichtigste, was zählt.

Spiele bei Lügen und Intrigen nicht mit. Mobbing ist eine extreme Waffe, psychologische Spiele zumindest schwierig.

In der richtigen Haltung zum anderen kannst du Dinge sagen, die in der falschen Haltung völlig unmöglich wären.

Wenn Kommunikation dann erstmal läuft, braucht es nichts weiter. Wenn sie jedoch stecken bleibt und es zu Missverständnissen kommt, hilft das Handwerkszeug hier weiter.

Kleine Vorüberlegungen

Was fällt Ihnen ein, wenn Sie an Kommunikation denken?	
Wann ist Ihre Kommunikation reibungslos verlaufen?	
Wann nicht? Wodurch sind vermutlich Missverständnisse und Konflikte entstanden?	
Welche grundlegenden Wünsche haben Sie an Kommunikation?	

Das Krokodil in uns

Diplomatische Kommunikation basiert auf gehirngerechter Kommunikation.

Dies ist sinnvoll, da im Reptiliengehirn klare und rationale Gedanken kaum möglich sind. In solchen Momenten sind entweder die Bedürfnisse noch nicht erfüllt, oder starke emotionale Reaktionen dominieren, was die Vernunft in den Hintergrund drängt.

Das **Reptiliengehirn / Stammhirn** ist zuständig für grundlegende Lebensfunktionen und gehört zu den archaischen Teilen unseres Gehirns.

Sinneseindrücke lösen positive oder negative Emotionen aus. Bei negativen Emotionen schaltet das Reptiliengehirn ein, und das rationale Denken wird unterbrochen. Instinktive Reaktionen wie **Kampf**, **Flucht** oder **Erstarren** werden ausgelöst. Und dann bleibt nur noch die eine Möglichkeit:

Einer gewinnt - Einer verliert

Instinktgesteuerte Reaktionen führen in der Kommunikation oft zu Gewinner-Verlierer-Situationen und bei eskalierten Konflikten zu **Verlierern auf beiden Seiten**.

Manchmal werden Instinkte fälschlicherweise mit Intuition verwechselt, aber sie sind schnelle Reflexe, die nicht durchdacht werden.

Wir bewerten die Angriffsstärke des Gegners im Vergleich zu unserer eigenen Standhaftigkeit. Wenn der Gegner als stärker eingeschätzt wird (kleines Krokodil gegen großes Krokodil), tendieren wir zur Flucht.

„Nix wie weg“
„Dem / Der werde ich es zeigen!“
„Ich bin eigentlich gar nicht da..“

Wenn wir unseren Gegner als schwächer einschätzen (großes Krokodil gegen kleines Krokodil), sind wir eher bereit zu kämpfen oder uns zu verteidigen. Die dritte Option, "Tot stellen", ist eine Form der Flucht, die angewendet wird, wenn wir nicht mehr fliehen können.

In unserer menschlichen Welt geht es manchmal ebenfalls darum, unbeschadet aus Situationen herauszukommen, unser Gesicht zu wahren, unser Selbstwertgefühl zu behalten und unsere Werte zu schützen. Menschen streben täglich danach, gut durch den Tag zu kommen.

Vermeiden Sie das 'Schnappi oder Einschnappi' Spiel, da es die Chancen für eine erfolgreiche Gesprächsführung dramatisch reduziert.

Immer wenn unser Reptiliengehirn anstelle unseres Denkhirns aktiv wird und Krokodile aufeinandertreffen, empfindet unser Gegenüber ähnlich.

Das löst sofort **negative Reaktionen** und entsprechendes Verhalten aus.

Stressreaktionen werden vom Stammhirn gesteuert.

Praxisbeispiele

- Im Serviceteam ist die Stimmung schlecht. Keiner fragt, wie es den anderen geht. Die stellvertretende Abteilungsleiterin kommt zu spät, der Chef fehlt. Die Mitarbeiter warten schweigend. Frau Marx erklärt genervt, dass der Chef sich krankgemeldet hat. Als Herr Adam fragt, was heute anliegt, wird er unhöflich behandelt und in Frage gestellt, ob er am richtigen Ort ist.
- Der Fußballtrainer bat die Spieler über WhatsApp, vor dem nächsten Training eine Besprechung abzuhalten, um Aufgaben zu verteilen. Trotzdem kamen von den 18 regelmäßigen Spielern nur 2 rechtzeitig und mussten bei den Aufgaben helfen.
- In der Familie gibt es einen Haushaltsaufgabenplan, den jeder wechselnd übernimmt. Nach etwa 4 Wochen kommt es zu ersten Ausfällen, wenn Aufgaben aus verschiedenen Gründen liegenbleiben. Einige Aufgaben werden vernachlässigt, wie das Müllentsorgen, was jedoch aus Prinzip ignoriert wird, um den Verantwortlichen eine Lektion zu erteilen.

Ich könnte damit ewig weitermachen, ich glaube, dass deutlich ist, wie klein manchmal die Anlässe sind und wie groß die Berge, die sich aus den ganzen kleinen Anlässen ergeben.

Das Krokodil hat es nicht leicht.

Wir greifen hier auf archaische Muster zurück und können die Fakten, die Beobachtungen, die realen Vorkommisse kaum von den folgenden Bewertungen unterscheiden.

Wir bewerten, wir interpretieren, wir vermuten und das mit einer Mischung aus unseren Erfahrungen, unseren Werten, unseren Antreibern, unserer ganzen Vergangenheit. Aber was läuft hier in der Gegenwart, was ist JETZT das Problem, das Thema?

Erste-Hilfe-Maßnahmen, um das Kommunikations-Krokodil abzuschwächen oder zu überwinden

- Vermeiden Sie emotionale Situationen vorerst, da Appelle in hitzigen Diskussionen oft ungehört bleiben. Warten Sie und versuchen Sie später erneut, das Gespräch aufzugreifen.
- Sprechen Sie, aber nicht **jetzt**, wenn Sie riskieren, etwas zu sagen, das Sie später bereuen könnten.
- Im Moment geht es darum, eine weitere Eskalationen zu verhindern.
- Eine Pause für alle Beteiligten von fünf oder zehn Minuten kann Wunder wirken, um Ruhe herzustellen.
- Gespräche gelingen besser in einer ruhigen und sicheren Umgebung.
- Verzichten Sie darauf, auf einen Angriff mit einem Gegenangriff zu reagieren, auch wenn Sie wütend sind. Bleiben Sie sachlich und klar.
- Nehmen Sie Ihre eigenen negativen Gefühle wahr und achten Sie auf verbale und nonverbale Reizsignale in der Kommunikation.
- Erforschen Sie mal, welche Themen für Sie eher tabu sind.

Unsere Welt ist auf Rationalität und Durchsetzung ausgerichtet. Interessanterweise fehlen uns gerade dadurch, die richtigen Worte, die unser Anliegen, unsere Sichtweise, unser Denken über ein Thema richtig und umfassend formulieren.

Und zur Ehrerrettung unseres Krokodils: Es (das Stammhirn) ist nicht bösartig, es ist eher ein wenig ungeschickt.

Beobachtungen und Bewertungen

Die Aufgabe besteht jetzt darin, Beobachtungen von Bewertungen und Interpretationen zu trennen. Was denken Sie, kommt zuerst: die Wahrnehmung/Beobachtung oder die Bewertung?

Richtig, die Beobachtung.

Und genau hier setzen wir an, wenn wir den Ausgang aus dem Krokodilverhalten suchen. Wenn ich bewerte, MUSS ich **VORHER** etwas beobachtet haben.

Beobachtungen

Bewertung + Interpretation

Beispiel	Beobachtung oder Bewertung?
Die Sonne scheint	Es ist Tag Der Himmel ist frei von Wolken.
Es ist warm hier drin	Die Heizung ist an. Die Fenster sind zu. Es ist Sommer. Mir ist zu warm, ich schwitze.
Wir haben ein Problem	Es ist ein Problem an der Maschine mit xy Auswirkungen und zwar für xy und zum xy Zeitpunkt?

Sie sehen, es ist alles andere als einfach, das sofort zu trennen. Unser Gehirn ist sehr schnell beim Auswerten, spielt unglaublich viele Varianten durch, verwirft Alternativen, wägt Risiken ab und selektiert und selektiert. Das, was der Andere erfährt, ist das Ergebnis des ganzen Denkens, quasi die Spitze des Eisberg. Dahinter bzw. darunter zu tauchen und richtig zu raten, was wirklich ist, braucht Übung, geht aber immer besser.

➔ Magie der Wahrnehmung

Das Säugerhirn oder das limbische System

Im **limbischen System** „sitzen" die Emotionen, die gleichzeitig das Nervensystems steuern.

Das ist manchmal nicht so günstig, weil negative Emotionen blitzschnell in Stress umgewandelt und an den diversen Nerven(enden) spürbar sind.

Bevor uns bewusst wird, welches Gefühl wir gerade haben, ist das Gefühl ja schon da und damit immer vor meiner **bewussten Wahrnehmung.** Und das teilweise bis zu 4 Minuten!

Welche Gefühle fallen Ihnen ein?

Gibt es mehr negative Gefühle als positive?

Das kommt uns nur so vor, weil wir für die positiven Gefühle weniger Worte benötigen als für die negativen.

„Es ist passiert..“

Es passiert nichts einfach so! Wir Menschen führen Entscheidungen und Situationen herbei und halten Konflikte aufrecht.

Wenn wir mit uns in Balance sind und bewusster hinschauen, werden wir die wahren Gründe hinter den Gefühlen entdecken. Dann wird es einfacher, sie auszusprechen, zu hinterfragen, kompetent mit Emotionen umzugehen.

Das ist menschlich und normal.

Warum haben wir Gefühle?

Es herrscht oft der Irrtum, dass wir fühlen, weil wir eine Situation wahrnehmen. **Das stimmt so nicht.**

Also warum haben wir Gefühle?

- Negative Gefühle haben wir, wenn sich ein Bedürfnis **NICHT** erfüllt.
- Positive Gefühle haben wir, wenn sich das Bedürfnis erfüllt.

Bedürfnisse sind der Schlüssel schlechthin.

Wenn ich weiß, was ich brauche oder gebraucht hätte, dann kann ich mich auf die Suche nach Lösungen machen. Aber erst dann.

Denken Sie einmal bitte an Ihre letzte Ärgersituation, beschreiben Sie sie kurz: Was hätten Sie gebraucht, um sich nicht so zu ärgern?

Wiederholen Sie die Übung mit einem anderen Gefühl und beschreiben kurz die Situation. Was hätten Sie gebraucht, um sich nicht so zu fühlen?

Das Denkhirn

Der **Neocortex – das Denkhirn** - ist grundlegend für das Denken und Lernen, und das Ziehen von Schlussfolgerungen und sachliche Argumentation zuständig.

Das Denkhirn ist die letzte Stufe der Evolution. Wir Menschen sind unser ganzes Leben lang in der Lage, zu lernen und Neuentscheidungen zu treffen.

Veränderung ist kein schneller Prozess und braucht das Wollen in uns, zumindest ist es damit einfacher, als wenn das Leben uns die Entscheidung abnimmt. Tatsache ist es aber wirklich, dass sich unser Gehirn –wir– immer weiterentwickelt.

Das Denkhirn ist die Vernunftinstanz und findet Lösungen. Nur dort können Lösungen tragfähig und nachhaltig vereinbart werden.

Lösungen und Strategien werden hier durchdacht, gemeinsam vereinbart und umsetzt.

Gemeinsam in der **Zusammenarbeit** bewältigen Menschen die **Komplexität** der heutigen Welt.

Magie der Wahrnehmung

Wahrnehmung ist so ein spannendes Wort. **Was ist wahr?**

Niemand weiß auf Anhieb, wie eine andere Person die Welt wahrnimmt – bis wir anfangen, uns darüber auszutauschen.

Es ist wichtig, sich bewusst zu machen, dass unsere Gründe für Handlungen und unsere Grundlage, einschließlich Wahrnehmung, Interpretation und Ausdruck, unserem Gesprächspartner oft nicht bekannt sind. Obwohl wir in der Interpretation oft ziemlich treffsicher sind.

Wir verstehen etwa 80 % der gestellten Fragen, Aussagen, Gefühle, Bedürfnisse und Wünsche des anderen ohne weiter Erklärung. Das liegt daran, dass wir viele Gemeinsamkeiten in unseren Wünschen teilen.

6

Ein **Beispiel** über Sichtweisen: Legen Sie das Buch einmal vor sich und schauen von der anderen Seite des Tisches darauf. Welches ist jetzt die 6 und welches die 9, die erste oder zweite Zahl? Und wer hat recht? Derjenige, der richtig herum“ auf das Buch schaut oder der Andere?

Und was passiert jetzt? Drehen Sie bitte wieder das Buch. Verändert sich etwas oder bleibt es bei der 6? **Der kleine Punkt verändert alles.**

6.

Es gilt die Tatsache, dass dort, wo sich der Punkt befindet, unten ist. Wir sprechen in der Wahrnehmung dann vom Bezugspunkt oder Bezugsrahmen, es hilft uns, wenn wir einen Rahmen haben oder einen Punkt, von dem aus wir uns orientieren können.

Allgemeingültige Wahrheit

Hier kommt etwas ins Spiel, das psychologisch die **Allgemeingültige Wahrheit** genannt wird. Das ist die Wahrheit, die ich und mein Gesprächspartner teilen, worüber wir also nicht mehr reden müssen, weil wir weitgehend die gleichen Definitionen haben.

Beispiel: Ich sage zu einer Kollegin: „Sie haben eine schöne Bluse an." Das, was eine Bluse ist, brauchen wir nicht mehr definieren, die Aussage meiner Bewertung „schön" schon. Was genau finde ich schön?

Damit haben wir schon die erste Trennung bei der Wahrnehmung.

Was genau können wir mit unseren Sinnen erfassen und was davon ist für den Anderen gleich? Zu unseren Sinnen gehören nicht nur die **äußeren** Sinne, sondern auch unsere **inneren**, wie ist mir heute zumute, tut mir etwas weh, fühle ich mich wohl?

Die Landkarte ist nicht die Landschaft bzw. die Welt

Stichwort Konstruktivismus. Alles, was wir wahrnehmen, basiert auf unseren Sinneswahrnehmungen und wird in der Interpretation von unseren Erfahrungen, Vergleichswerten, Gelerntem sowie unseren Wünschen und Hoffnungen beeinflusst.

Unsere Wahrnehmung von der Welt im Hier und Jetzt wird durch unsere Vergangenheit und Erlebnisse getrübt. Situationen, die noch nicht eingetreten sind, lösen bereits jetzt wohlige oder negative Gefühle aus. Angst ist oft ein unzuverlässiger Ratgeber, da sie unsere Wahrnehmung trübt.

Dieser Prozess führt sofort zu Bewertungen, schnellen Interpretationen und Reaktionen.

Erst wenn wir innehalten oder die Situation vorbei ist und wir Ruhe haben, wird uns bewusst, was wir zuvor möglicherweise übersehen haben.

Unsere innere Landkarte der Welt funktioniert ähnlich einem Navigationssystem, das ständig lernt und sich selbst verfeinert. Unser Gehirn lernt lebenslang, und wir können immer neue Entscheidungen treffen und unseren Bezugsrahmen erweitern. Wir können uns in die Welt anderer einfühlen und sie aus Ihrer Perspektive sehen. Dies ist eine großartige Fähigkeit, die uns erlaubt, empathisch auf andere Menschen und Lebewesen einzugehen.

Dennoch, die beste Landkarte entspricht nicht immer der tatsächlich vorgefundenen Landschaft. Wenn wir uns zu sehr auf unser Navi verlassen, kann es passieren, dass wir ins Wasser fahren, weil die Fähre, die uns die Karte angezeigt hat, noch nicht da ist.

Was könnten Ihre Wahrnehmungen bei diesen Begebenheiten sein? Alle Beispiele sind relativ simpel und trotzdem haben wir sofort Vorstellungen davon, was richtig und falsch ist.

Manchmal kommt unsere Reaktion durchaus schneller als das Denken einsetzt. ☺

Vor Ihnen fährt ein Auto nicht so schnell wie Sie und Sie haben es heute auch etwas eiliger. Der Mann im Auto trägt einen Hut. Vielleicht ist das Auto auch eine bestimmte Marke oder er hat ein bestimmtes Alter...	
Zwei Radfahrer fahren auf der Straße oder dem Radweg nebeneinander und sind nett am Plaudern. Sie möchten überholen oder kommen ihnen mit Ihrem Hund entgegen.	
Sie möchten gerne mit dem Rauchen aufhören und der nichtrauchende (oder exrauchende) Kollege sagt: „Das kann ja nicht so schwer sein."	
Ein bestimmter Kunde (anspruchsvoller Stammkunde) ruft an: „Sie können doch sicher noch etwas am Preis machen, die Konkurrenz ist wesentlich günstiger!	
Sie stehen an der Kasse ordentlich in der Reihe und es drängelt sich jemand vor: „Ich habe nur 2 Sachen..."	

Was bedeutet es, wenn wir diplomatisch damit umgehen?

Es kann bedeuten, sich der Tatsache bewusst zu sein, dass wir eine Landkarte im Kopf haben und diese mit der Realität abgleichen.

- Ist es wirklich so, wie ich jetzt darüber denke?
- Warum denke und fühle ich so, wie ich es tue?
- Woher kenne ich das?

Man kann nur etwas erkennen, wenn man es kennt.

Und kennenlernen kann ich durch Beobachten oder Kommunikation.

- Sie könnten Ihr Gegenüber fragen, was zu dieser Aussage führt oder geführt hat.
- Sie könnten nach dem Hintergrund fragen.
- Wenn Sie gerade nicht fragen können, (Autofahrer vor Ihnen), dann können wir uns einen Moment ihn die Person hineinversetzen und uns fragen, welchen guten Grund der Andere dafür haben könnte.

Ein berühmter Psychologe namens Alfred Adler hat gesagt: „Alles kann auch anders sein.“ **Und Anders ist auch nur eine Form von Normal.**

Die gute Absicht oder die positive Absicht

Hinter jedem Verhalten steht eine positive Absicht.

Ja, wirklich. Jeder Mensch hat in dem Moment, in dem er etwas tut oder sagt oder auch lässt, gute Gründe dafür. Ob sich diese Gründe im Nachhinein immer als klug herausstellen, ist eine andere Frage..

Das Konzept, einem Konfliktpartner eine positive Absicht zu unterstellen, mag zunächst seltsam erscheinen. Dennoch lohnt es sich, sowohl dem anderen als auch sich selbst diese positive Absicht zuzugestehen. Das hilft uns zu verstehen, welche Vorannahmen dahinterstecken und wie wir und unser Gegenüber die Welt sehen.

Aber Vorsicht:

Das beobachtbare Verhalten deckt sich oft nicht mit der dahinterliegenden positiven Absicht! Deshalb kann es schwierig sein, die Absicht allein aus dem Verhalten abzuleiten. Zusätzliche Informationen sind notwendig.

Manchmal werde ich gefragt, wie man am besten mit Menschen umgeht, die wir als wirklich bösartig empfinden. Meine Erfahrung ist, dass es extrem wenige solcher Menschen gibt (deutlich weniger als 5 % aller Menschen). Diese Menschen ziehen Verhandlungen durch und wollen immer gewinnen, aber auch sie haben eine positive Absicht.

Unser Ziel mit diplomatischer Kommunikation ist es, dass beide Gesprächspartner mit dem Ergebnis zufrieden sind.

Eine nette Metapher:

Eine kleine Schildkröte sitzt auf dem Baum, breitet alle viere aus und springt runter. Sie knallt etwas unsanft auf den Boden. Mit viel Energie schafft sie sich wieder rauf und wiederholt den Sprung, alle viere von sich gestreckt. Das macht sie ein ums andere Mal. Auf dem Nachbarbaum sitzen 2 Adler und schauen sich an: „Ich glaube, es ist Zeit, dass wir ihr sagen, dass sie adoptiert ist.“

Man hätte auch denken können: Dummes Vieh, aber die Schildkröte hatte ihre Gründe und ohne sich zu fragen, warum sie das möglicherweise tut, kämen wir zügig zu diversen Urteilen, die blockieren.

Weiteres Beispiel:

Ein Radfahrer fährt auf der Straße, obwohl ein Radweg neben der Straße verläuft. Ein Autofahrer fährt neben ihm und weist ihn durch das geöffnete Seitenfenster lautstark darauf hin. Der Radfahrer zeigt ihm den Stinkefinger und radelt weiter. Der Autofahrer fährt vor ihn und hält an.

Der Radfahrer muss bremsen und stoppt ebenfalls. Er schmeißt sein Rad an die Seite, beide werden laut und der Mann auf dem Fahrrad geht auf die Beifahrerseite des Auto und tritt gegen die Tür. Leider trägt er Klickpedalschuhe, weshalb die Tür beschädigt wird..

Wer hatte ursprünglich welche Absichten? Hätte man mal versucht, sich in den anderen hineinzuversetzen, dann wäre die Geschichte anders ausgegangen.

So und jetzt viel Spaß beim Unterstellen der ganzen positiven Absichten.

Aussage	Vorschnelle Interpretation	Was hätte er sagen können, wenn er / sie es hätte ausdrücken können?
Was soll ich denn noch alles machen!?	Na, der schon wieder, will wieder alles abschieben. Hauptsache, die anderen arbeiten.	Ich habe viel zu tun im Moment und mehrere angefangene Aufgaben. Danke für das Vertrauen, aber wenn ich das übernehme, muss etwas anderes liegenbleiben.
Das haben wir immer schon so gemacht.	Na toll, ein Dauerbewahrer	Das haben wir immer schon auf diese Art und Weise gemacht. Ja genau.
Das ist nicht mein Problem.	Wie gemein	Ich bin von diesem Problem, dieser Fragestellung nicht betroffen und möchte mich damit auch nicht beschäftigen müssen bitte.
So drücken das Frauen aus	Er hat was gegen Frauen. Chauvi!	Sie finden, dass die Kommunikation empathisch verläuft?

Meinen Sie nicht, dass Sie noch zu jung sind für diese Aufgabe?	Sie traut mir das nicht zu	Ich habe bereits 3 Jahre Erfahrung sammeln können mit diesen Frage-stellungen. Was genau fehlt Ihnen möglicher-weise, um mir diese Aufgabe zu über-tragen?
An Chef von den Mitar-beitern: „Nie haben Sie Zeit für uns“	Im Regelfall erklärt sich der Chef und rechtfertigt sich	Die Aussage der Mitar-beiter: Sie haben uns mehrfach gesagt, dass wir jederzeit zu Ihnen kommen können, wenn wir etwas brauchen. Wir haben Sie entweder nicht an-getroffen oder Sie sagten zu uns: Jetzt nicht! Wie sollen wir damit umgehen?
Mich fragt ja eh keiner	Das wird schon Gründe haben ...	Du möchtest gefragt und einbezogen werden?

Erste Maßnahme: Ton und Lautstärke verändern

Eine Aussage verändert sich drastisch, wenn man einmal den Ton gedanklich oder echt reduziert und sich nur auf die Aussage konzentriert.

Beispiel: Mitarbeiterin zur Chefin schnippisch und genervt (so die Interpretation der Chefin): „Sie haben mich ja sowieso noch nie gefördert."

1. Gedanklich Unterton weglassen und nur die reine Aussage hören: Sie haben mich sowieso noch nie gefördert
2. Ebenfalls gedanklich „Aha" aktivieren und Bewertungen und Verallgemeinerungen rausstreichen.
3. Überlegen, welche Absicht die Mitarbeiterin haben könnte, was sie will: Sie möchte von mir gefördert werden, sie möchte sich beweisen und weiterkommen..?
4. Fragen, ob das so stimmt: „Aha" (kann man denken), Sie möchten mehr gefördert werden?
5. Bei Ja beginnt die Kommunikation, bei Nein auch, weil die Mitarbeiterin auf die Frage antwortet und korrigiert.

Beispiel: Lehrerin zur berufstätigen Mutter: Herablassend und bevormundend „Meinen Sie nicht, es wäre besser für Ihre Tochter, wenn Sie mal mehr zu Hause wären?"

1. „Ton weg". Aussage so nehmen, wie sie ist und das gedanklich „Aha" aktivieren (Bewertungen und Verallgemeinerungen raus).

2. Überlegen, welche gute Absicht die Lehrerin haben könnte. Es kann sein, dass sie sich um das Kind Gedanken macht und der Ansicht ist, dass das Mädchen mehr Zeit mit der Mutter braucht.
3. Fragen, ob das so stimmt: Sie sind der Ansicht, dass Marie mehr Betreuung zu Hause braucht? Was ist der Hintergrund Ihrer Aussage? Woran genau machen Sie das fest?
4. Jetzt wird die Erklärung kommen (müssen).
5. Alternativ können Sie direkt nach 2 schlicht : „Nein, das hat mit meiner Arbeitszeit nichts zu tun. Es geht jetzt um Marie und ihre Verhaltensweisen in der Schule. Was meinen Sie denn, was wir als Erwachsene tun können, um sie .... zu unterstützen?“

Dass man zusammenzuckt ist ganz normal.

Machen Sie etwas *damit* und kämpfen Sie nicht *dagegen*.

Sie hätten nämlich keine Chance. Wenn die Chefin zur Mitarbeiterin sagt: „Lassen Sie diesen schnippischen Ton sein.“ Was soll dann die Antwort sein? Entweder gibt's Streit oder die Mitarbeiterin sagt zu Recht: „Ich bin nicht schnippisch, ich habe Sie nur gefragt, warum Sie mich nicht fördern.“

Wenn die Mama in diesem Beispiel mit einem Angriff startet: „Was wollen Sie mir damit unterstellen?“ oder sich zurückzieht und rechtfertigt: „Ich muss ja arbeiten gehen, weil...“ In beiden Fällen sind Sie vom eigentlichen Thema Meilen entfernt.

Beispiel zur Eigenarbeit

Denken Sie bitte an ein mittleres Problem, das Sie mit jemandem haben (Partner, Kollege). Denken Sie einfach nur an dieses Problem und nicht an mögliche Lösungen.

Wie tritt das Problem auf? Wer leidet darunter? Was ist los?

Worin liegt Ihr Fokus? Welche inneren Bilder, Gedanken und Erinnerungen haben Sie über sich selbst oder andere Personen?	
Gibt es angenehme oder schöne Erinnerungen, die Sie mit diesen Personen verbinden?	
Gibt es etwas, das Sie im Zusammenhang mit diesem Problem bisher noch nie getan oder gesagt haben, aber tun könnten?	
Was könnten Sie unterlassen, zu tun oder zu sagen?	

Eigene Hot Buttons und Trigger kennen

Ein Trigger oder ein wunder Punkt ist eine Erinnerung und eine emotionale Wiedererleben von etwas, das in der Vergangenheit passiert ist. Dann sind wir sprachlos oder sagen etwas Unangemessenes.

Egal in welcher Form sie auftreten, die Reaktion ist immer ähnlich: Unsere Handlungsmöglichkeiten werden eingeschränkt, und unser Gehirn startet eine emotionale Kettenreaktion, die schwer zu kontrollieren ist.

Alte Angewohnheiten lassen sich nur schwer ablegen und das sind emotionale Trigger leider. Sie erscheinen genauso verlässlich gleich, wie wir gleich auf sie reinfallen.

Gut vorbereitet ist halb gewonnen.

Fragen Sie sich vorher:

- Wozu führen Sie das Gespräch?
- Welche Bedürfnisse haben Sie und können Sie sie formulieren?
- Was ist Ihr Ziel und welchen Zweck hat es, hier und jetzt weiterzumachen?
- Wo sind die Grenzen und wo lohnt es sich nicht mehr, Energie zu investieren, da ein Gewinn unmöglich erscheint?
- Welche alternativen Verhaltensmuster können Sie einsetzen?
- ... alles, was Ihnen dabei hilft, aus dem Krokodil auszusteigen und voranzukommen.

Zusammenfassung, Tipps und Akutmaßnahmen:

- Nehmen Sie sich eine Pause oder eine Auszeit, um sich zu beruhigen und die Handlungsalternativen zu überlegen.
- „Ich brauche frische Luft, was halten Sie von einer kurzen Pause?" Oder Fenster öffnen, allein die Bewegung bringt schon in Bewegung.
- „Ich melde mich deswegen wieder bei Ihnen. Lassen Sie mich einmal überlegen, was ich da tun kann."
- „Ich werde jetzt kurz (oder länger) aus dem Gespräch gehen, weil ich sonst etwas sage, das mir hinterher leidtut. Das will ich nicht und ich wäre jetzt ungerecht. Lass uns bitte heute Abend in Ruhe (privat) oder Lassen Sie uns bitte in 15 Minuten (beruflich) noch einmal sprechen."
- Falls Ihnen jemand folgt: „Ich möchte jetzt bitte allein sein. Danke für dein Verständnis." Und dann gehen Sie wirklich, im Zweifelsfall auf die Toilette oder holen sich irgendwo einen Kaffee.
- Im Notfall hilft es kurzfristig aus der Situation zu gehen, das ist aber kein Allheilmittel. Üben Sie Ihre Toleranzschwelle anzuheben, damit die „Trigger-begegnung" immer öfter gelingt. Haben Sie Geduld mit sich selbst, das wird schon.
- Etwas für Fortgeschrittene: Jede Gelegenheit ist eine Gelegenheit und keine Verlegenheit. ☺

Nachfragen verschaffen nicht nur Zeit, sondern helfen dabei, einander zu verstehen. Und verstehen ist die Basis jedes Gespräch, damit Konflikte keine Chance haben.

- „Was genau meinen Sie damit?"
- „Wie soll ich Ihre Frage verstehen?"
- „Was ist der Hintergrund Ihrer Frage?"
- „Ich vermute, dass Sie von mir wissen möchten... (Spiegeln und paraphrasieren), stimmt das?"
- „Aha, du meinst, dass... Richtig?"
- Feiern Sie sich dann selbst, das ist ein Grund, stolz zu sein. Eine erfolgreich bewältigte Situation.

Personen tauschen

Ein gedanklicher Rollentausch oder Personen-perspektivenwechsel wirkt Wunder:

Wenn Ihre beste Freundin, Ihr bester Freund oder die netteste Kollegin genau das gesagt hätte, was Sie bei der Situation mit xy so auf die Palme bringt, wäre Ihre Reaktion ganz sicher nicht die gleiche, oder?

Tagträume

Erinnern Sie sich an ein positives Erlebnis und eine schöne, positive Erinnerung. Wie war das Meeresrauschen, das Gras unter Ihren Fingern, die Zeit in diesem wundervollen Restaurant oder bestimmte Musik? Holen Sie diese Erinnerungen hervor und spüren Sie sie. Es wird nicht lange dauern, und Sie werden zumindest innerlich lockerer. Das hilft.

Logik ist ein Zirkel

Was Logik mit Aristoteles zu tun hat und was Einstein und Watzlawick dazu sagen. Ich möchte Sie mit etwas bekannt machen, was das Gesetz der Logik genannt wird.

Wenn wir bestimmte Dinge tun, nach bestimmten Vorgehensweisen handeln, tun wir dies genauso wie immer, weil wir immer das gleiche Ergebnis bekommen.

In der Physik, Mathematik und im Leben folgen wiederholte Handlungen oft denselben Ergebnissen – ein Grundsatz, der dem Gesetz der Logik nach Aristoteles entspricht. Wenn man den Lichtschalter einschaltet, geht das Licht an. Schaltet man ihn aus, erlischt das Licht. Sagt man "Guten Morgen", erhält man eine Antwort.

Wenn jemand gelernt hat, dass lautes Sprechen hilfreich ist, um sich durchzusetzen, wird er dies wahrscheinlich wiederholen. Und warum auch nicht? Genauso gilt, wenn jemand in bestimmten Situationen lieber schweigt und sprachlos wird – wenn er dies für vernünftig hält, wird er diese Reaktion beibehalten.

Albert Einstein sagte einmal mit einem Schmunzeln: "Es ist die höchste Form des Wahnsinns, auf immer gleiche Vorgehensweisen unterschiedliche Ergebnisse zu erwarten."

Das bedeutet, dass es nicht sinnvoll ist zu hoffen, dass Ihr Chef von selbst erkennt, dass Sie der beste Mitarbeiter sind. Ebenso wenig sollten Sie darauf warten, dass die Liebe Ihres Lebens eines Morgens alles sagt, wonach Sie sich sehnen.

Bitte verstehen Sie mich richtig, ich möchte keineswegs diese Vorstellungen verspotten.

Aber meine Erfahrung, und ich bin sicher, dass Sie Ähnliches erlebt haben, zeigt, dass Menschen oft geduldig, nachsichtig und hoffnungsvoll sind. Wir hoffen, bangen, warten und erwarten – und schweigen.

Wie soll Ihr Chef wissen, was Sie wollen oder erwarten, wenn Sie es nicht kommunizieren? Wie können Sie wissen, was Sie wirklich wollen, wenn Sie nicht akzeptieren, dass Ihr Verhalten nicht immer mit Ihren inneren Wünschen übereinstimmt? Je öfter wir diese Diskrepanz zwischen unserem Verhalten und unseren Wünschen erleben, desto unzufriedener fühlen wir uns.

Was also können wir tun? Es mag sich unangemessen anfühlen, oder wir trauen uns nicht, oder wir denken, dass wir es nie so gut können wie andere. Aber ich versichere Ihnen, dass Sie wachsen und sich entwickeln können, im Einklang mit Ihrer Persönlichkeit und Ihrem eigenen Tempo.

Wenn ich etwas möchte, was ich noch nie gehabt habe, dann muss ich etwas tun, was ich noch nie getan habe (P. Watzlawick).

Und das wiederum braucht Zeit und Übung.

Warum nicht mal die Reihenfolge der Kommunikationsschritte ändern, anstatt immer dasselbe zu tun? Hier ist eine Geschichte, die sich unzählige Male wiederholt und immer zum gleichen Ergebnis führt - einem handfesten Konflikt.

Frau Müller und Herr Schmidt arbeiten zusammen, doch ihre Kommunikation ist gespannt. Beide erwarten, dass der andere zuerst freundlicher wird.

Dieser Teufelskreis führt zu Konflikten. Nachdem sie Verständnis füreinander zeigten, änderte sich ihre Interaktion positiv. Die Lösung bestand darin, das bisherige Muster aufzubrechen.

Fragen helfen

Wenn Sie Fragen stellen, erwarten Sie normalerweise passende Antworten. Doch was, wenn Sie denken, die Frage sei klar, aber die Antworten passen einfach nicht? Hier wollen wir etwas Neues ausprobieren.

Vielleicht sind nicht die Antworten verkehrt, sondern die Art der Frage. Was genau erwarten Sie als Antwort? Eine Information, ein Verständnis, ein Feedback, ein Nachvollziehen, eine Bestätigung, Zustimmung, Ablehnung...?

- Wenn Sie eine Frage stellen, sagen Sie, **warum** Sie die Frage stellen.
- Wenn Sie nicht wissen, warum der Andere eine Frage stellt, dann fragen Sie nach dem **Hintergrund** der Frage.

Beispiel: "Können Sie mir etwas über den Kunden Kuhn sagen?" Anstatt sich direkt darüber zu ärgern, dass der Kollege die Akte nicht selbst liest, können Sie zunächst nach dem Hintergrund fragen. "Was genau möchten Sie wissen?"

Der Kollege antwortet vielleicht: "Wir haben eine Lieferverzögerung und ich möchte wissen, wie der Kunde in der Vergangenheit auf Probleme reagiert hat und wie wichtig der Kunde für uns ist."

Jetzt können Sie gezielt auf die Anliegen des Kollegen eingehen und relevante Informationen bereitstellen.

Durch diese Vorgehensweise entsteht Klarheit und Missverständnisse werden vermieden.

Indem Sie diese Frage stellen, geben Sie die Möglichkeit, Gedanken und Bedürfnisse zu erklären. Oftmals erhalten Sie überraschende Antworten, mit denen Sie nicht gerechnet haben.

Ist Rhetorik in der diplomatischen Kommunikation überhaupt zulässig?

Taktisch kluges Verhandeln ist wichtig, aber ein umfassendes Verständnis des Gesprächspartners kann Ihnen ermöglichen, sich nicht die Butter vom Brot nehmen zu lassen.

Wenn sich der Gesprächspartner von Ihnen verstanden fühlt, ist die Wahrscheinlichkeit höher, dass er mit Ihnen in Kontakt tritt und aufmerksam, freundlich und wertschätzend zuhört.

Aktives Zuhören

Mangelndes Zuhören führt dazu, dass Konflikte sich verhärten und ein gegenseitiges Verstehen nicht mehr möglich oder gewollt ist.

Unsere Gedanken arbeiten schneller als unsere Sprache, wodurch wir oft nur halbherzig zuhören. Dies beeinträchtigt die Qualität der Kommunikation erheblich, da wir den Gesprächsinhalt nicht vollständig erfassen.

Ein desinteressierter Zuhörer wirkt unsympathisch und vermittelt den Eindruck, dass er nicht wirklich interessiert ist. Aktives Zuhören ist eine engagierte Form des Zuhörens, bei der wir unserem Gesprächspartner volle Aufmerksamkeit schenken.

Wir zeigen dies durch Nicken, Augenkontakt und verbale Rückmeldungen wie "Aha" oder "Interessant". Aktives Zuhören beinhaltet auch das Reflektieren des Gesagten durch Spiegeln und Paraphrasieren, um sicherzustellen, dass wir es richtig verstanden haben und in einen konstruktiven Dialog eintreten können.

Spiegeln und Paraphrasieren lassen sich nicht wirklich trennen

Beim Spiegeln geschieht das, was das Wort bereits sagt: Sie geben eine bei Ihnen ankommende Information zurück an den Sender. Sie spiegeln sie. Im Wesentlichen geht es darum, Wahrgenommenes zum besseren Verständnis noch einmal wiederzugeben und zu überprüfen.

Der **Informationsspiegel** wiederholt mit eigenen, möglichst knappen Formulierungen das Gesagte des Gesprächspartners.

Der **Logikspiegel** interpretiert die Ausführungen, Widersprüchlichkeiten oder Fehlschlüsse in der Argumentation des Partners.

Der **Verhaltensspiegel** spiegelt das Verhalten des Gegenübers mit dem Ziel, Vorgehensweisen zu offenbaren und Feedback zu geben und zu erhalten.

Paraphrasieren

Das Paraphrasieren ist quasi die Wiedergabe des unteren Teils des **Eisbergs** und dient der Verbindung von Sachebene mit Beziehungsebene.

Dabei wird gespiegelt UND formuliert, was ich „zwischen den Zeilen“ herausgehört habe.

Jeder von uns trägt damit die Verantwortung für einen guten Gesprächsverlauf.

Verbalisiert werden z. B. Gefühle, Erwartungen oder auch Unterstellungen, die bei einem Gespräch ungesagt mitschwingen und die vom Zuhörenden wahrgenommen werden.

Eine wichtige Prämisse hierbei ist, dass Gespräche dazu dienen, **Beziehungen zu verbessern** und nicht zu verschlechtern.

Vermeiden Sie Behauptungen und Bewertungen, Wenn Sie welche äußern, tun Sie dies als Vermutungen oder Interpretationen. **„Ich vermute, dass... „ „Ich interpretiere das so... Stimmt das?**

Nicht alles, was gesagt wird, ist zwangsläufig gemeint. Auch wenn jemand etwas so äußert, hinterfragen Sie die dahinterliegende Bedeutung und Interpretation.

Diese Herangehensweise hat **zwei große Vorteile**:

- Es verhindert, dass jemand vorgeführt wird und in die Defensive gedrängt wird, was zu Sackgassen führen kann. Indem wir aufklären und nachfragen, vermeiden wir Situationen wie: "Sie sind respektlos!" - "Nein, Sie sind empfindlich!" - "Das stimmt gar nicht, Sie vergreifen sich im Ton..." ..endlos.

- Indem wir unsere Bedürfnisse kommunizieren, legen wir den Grundstein für eine fortgesetzte Diskussion. Wir können darüber sprechen, wie jeder von uns gerne behandelt werden möchte und welche Voraussetzungen notwendig sind, um effektiv zusammenzuarbeiten. Erst dann können wir uns den eigentlichen Inhalten widmen.

Das Nicht und das Un...

So sind Sie schon ein bisschen auf dem Kommunikations-Marktplatz herumgekommen. Als nächstes machen wir einen Abstecher in einen Frisör. Warum? Weil wir eine ähnliche Situation haben, bei der das "Nicht" eine Rolle spielt. Stellen Sie sich vor, jemand sagt: "Ich möchte meine Haare nicht mehr so kurz haben, das gefällt mir nicht. Ich brauche dringend einen neuen „Langhaar-Schnitt." Ab ist ab.

Denken Sie **nicht** an einen rosafarbenen Marzipanelefanten mit grünen Punkten. Und? Schon ist er in euren Köpfen. Versuchen Sie nicht daran zu denken, wie voll Ihr Schreibtisch ist, dass Sie gerade nicht schlafen können..

Unser Gehirn ist einfach nicht in der Lage, das Wort "Nicht" zu ignorieren und zu verstehen. Zumindest nicht sofort. Es braucht etwa 1,5-mal so lange, um das "Nicht" zu verarbeiten.

Wenn wir das Wort "Nicht" nicht verstehen könnten, gäbe es das Wort nicht. Das wäre doch sinnlos. Aber wenn wir in stressigen Situationen noch mehr Zeit für die Verarbeitung des "Nicht" benötigen, als wir eigentlich haben, führt das leider zu mehr Stress und Missverständnissen. Und damit direkt zum Krokodil.

Wenn Sie sagen, was Sie nicht wollen, fügen Sie am besten im gleichen Satz hinzu, was Sie stattdessen wollen.

Aussage	**Stattdessen**
Ich kann das leider nicht.	Was denn dann?
Kein Problem	Sondern?
Ich kann mich nicht erinnern	Heißt: Ich habe es vergessen (klingt gleich anders)
Das ist unmöglich	Was ist möglich?
Dafür bin ich nicht zuständig	Wer denn dann?
Da kann ich Ihnen nicht helfen	Können oder wollen? Und was sollen Sie dann tun? Sollen Sie es jetzt selbst machen oder wo bekommen Sie die Auskunft her?
Man kann nicht nicht kommunizieren	Wir kommunizieren immer
Unwahr	Falsch
Nicht genug	Knapp
Wir können den Termin nicht halten	Davon abgesehen, dass Kunden hier ziemlich sauer werden: Nur den Termin? Bedeutet das, dass die Lieferung kommt wie bestellt, nur eben zu einem anderen Termin?

Das "Nicht", also der Zustand, den ich auf keinen Fall haben möchte, wird oft zum Hauptfokus meines Gesprächspartners.

Es ist richtig, dass wir Aufgaben erledigen müssen, Probleme beseitigen und an Defiziten arbeiten sollten. Das, was wir noch nicht erledigt haben, was noch fehlt und was ungelöst ist bei Problemen und Konflikten, wiegt oft schwerer als das, was wir bereits erfolgreich bewältigt haben. Dieses Phänomen liegt in der Natur unseres Gehirns, das darauf programmiert ist, Probleme schnell zu lösen.

Wir leben in einer glücklichen Zeit, in der wir nicht jeden Tag um unser Überleben kämpfen müssen. Jedoch hat unser Gehirn noch nicht vollständig erkannt, dass wir nicht ständig Probleme haben müssen. Wenn keine Probleme vorhanden sind, sucht unser Gehirn aktiv danach. Es ist also ganz normal, dass wir uns zunächst auf Probleme und ungelöste Situationen fokussieren.

Sie werden feststellen, dass Sie etwa 80 % Ihrer täglichen Aufgaben ziemlich problemlos bewältigen, dass Sie viele angenehme und erfolgreiche Gespräche führen im Vergleich zu denjenigen, in denen Sie scheitern. Letztere bleiben jedoch stärker im Gedächtnis, und das gefällt uns nicht.

Ja-Sagen statt Nein

"Sage einfach 'Nein'" anstatt "Ich habe leider keine Zeit..." und andere Ausreden zu gebrauchen.

Wenn es so einfach wäre! Sie möchten höflich bleiben, den anderen nicht kränken, Ihr eigenes schlechtes Gewissen vermeiden oder schnell von der Frage ablenken?

Es ist völlig in Ordnung, selbstbewusst zu sein und in einfacher, klarer Sprache dem anderen eine Absage zu erteilen. Doch wie geht das, ohne einen Konfrontationskurs einzuschlagen, aber dennoch mit Durchsetzungsvermögen?

Haben Sie sich schon einmal geärgert, weil Sie das Gefühl hatten, über den Tisch gezogen worden zu sein? Oder hat Ihr Gesprächspartner sich einfach besser durchgesetzt?

Sie müssen nicht unbedingt lernen, Nein zu sagen. Denn es kann vorteilhafter sein, bewusst Ja zu sagen zu lernen.

Wenn Sie etwas ablehnen, sagen Sie immer gleichzeitig Ja zu etwas anderem, und umgekehrt.

Beispiele:

- Sie sind am Überlegen, ob Sie noch joggen gehen mit der Gruppe oder sich lieber zu Hause ausruhen, weil heute ein anstrengender Tag war.
  Sie sagen entweder zum Laufengehen Ja oder zur Couch und dann entscheiden Sie sich für ein Nein für das jeweils Andere.

- Sie werden angerufen und gefragt, ob Sie einen Dienst übernehmen können an Ihrem freien Tag und Sie haben bereits einen familiären Termin, auf den Sie sich schon lange gefreut haben und der dann ohne Sie stattfinden würde. Gleiches Prinzip: Ja zum Dienst, Nein zur Hochzeit der Freundin und anders herum.

Muss man sich ausführlich erklären?

Nein, natürlich muss man nicht alles sagen, wenn man es nicht möchte. Deshalb sagt man auch "Ich habe eine

Verpflichtung" anstatt "Ich gehe auf eine Hochzeit". Allerdings ist ein hartes Nein ohne Erklärung meist schlichtweg unhöflich. Es ist aber auf jeden Fall besser als eine seltsame Ausrede.

Fragen Sie sich, wozu Sie eindeutig JA sagen können und wogegen Sie sich dann entscheiden. Sie werden feststellen, dass es viel einfacher wird, Ja zu sagen. ☺

Eine Kollegin hat sich eine JA-NEIN-Medaille angefertigt. Eine kreisrunde Karte wird beschriftet: Auf der einen Seite steht ein großes Ja, am besten mit einem Herzen ♥ versehen, auf der anderen Seite ein gleichgroßes Nein.

Wenn sie in einem Online-Meeting ist und die Ja-Seite zu den anderen Teammitgliedern zeigt (damit lassen sich auch Abstimmungen methodisch gut begleiten), zeigt die Seite mit Nein zu ihr und umgekehrt.

Dies dient dem Bewusstsein, dass wenn man zu etwas Ja sagt, man immer gleichzeitig zu etwas anderem Nein sagt. **Sehr praktisch!**

Psychologische Spiele mit Drama Drama

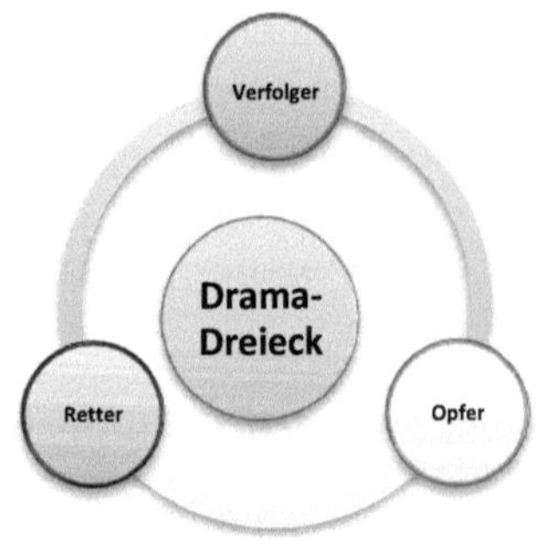

Das Drama-Dreieck ist eine Spielbeschreibung eines sogenannten psychologischen Spiels.

Es beschreibt ein Spiel zwischen mindestens zwei Personen, die darin die drei Rollen einnehmen.

Das Problem bei psychologischen Spielen ist, dass sie sinnlos sind und endlos weitergespielt werden können. Am Ende bleiben alle Beteiligten mit negativen Gefühlen zurück. Das ist natürlich nicht gut.

Warum spielen wir also psychologische Spiele, wenn letztendlich niemand davon profitiert?

In psychologischen Spielen wird oft ein "Köder" ausgelegt, um Spieler A anzulocken. Doch es bedarf auch eines "Fisches", der auf den Köder anspringt. Sobald wir den Köder schlucken, werden wir im wahrsten Sinne des Wortes an der Angel gehalten, und dann beginnt das sinnlose Hin und Her in der Kommunikation.

Diese Spiele führen zu einem Teufelskreis, in dem wir uns gefangen fühlen und immer wieder die gleichen Muster durchleben. Sie frustrieren, belasten unsere Beziehungen und hindern uns letztendlich daran, echte Lösungen zu finden.

Wie jedes Spiel hat auch dieses eine Spielanleitung

1. Der erste Zug: Es wird eine Übertreibung der Situation oder des Verhaltens vorgenommen, oder es erfolgt eine Abwertung, auch von Personen.
2. Der Köder wird ausgelegt, und je nach Trigger-Empfindlichkeit und Spielanfälligkeit schluckt der "Fisch" den Köder.
3. Das PayOff: Es kann vorhergesagt werden, welches Ergebnis das Spiel letztendlich haben wird.
4. Verdeckte Transaktionen: Das eigentliche Spiel findet in verdeckten Transaktionen statt. Die Aussagen und Handlungen passen nicht zusammen und bieten Raum für Interpretationen.

5. Es kommt zu einem plötzlichen **Rollenwechsel**, bei dem die Antwort aus einer anderen Rolle des Drama-Dreiecks erfolgt, als erwartet. Dies ist ein deutliches Zeichen dafür, dass ein psychologisches Spiel im Gange ist und ruft Verblüffung oder **Irritation** hervor.
6. Das Spiel endet, und alle Beteiligten bleiben mit unguten Gefühlen zurück. Es hinterlässt einen bitteren Nachgeschmack.

Das Drama kann lange gespielt werden, es gibt keinen Ausgang, solange nicht einer der beiden Gesprächsparteien die Rolle Richtung **Erwachsenen-Ich** verlässt

Woran kann man die Rollen typischerweise erkennen?

Das „**Opfer**" ist von außen gesehen der/die Leidtragende. In der inneren Haltung fühlt sich das Opfer selten verantwortlich. Andere sind in der Regel schuld, dass es ihnen so schlecht geht und sind in der Grundüberzeugung, dass sie selbst an den Situationen und das, was ihnen so passiert, absolut nicht ändern können.

Das Hilfreiche am Opferverhalten ist auf dem ersten Blick, dass nicht weiter eskaliert wird.

Der „**Retter**" ist hilfsbereit und nimmt gerne die gesamte Verantwortung auf sich. Seine innere Haltung ist die Veranwortungsübernahme für Andere. Leider bevormunden sie damit.

Das Hilfreiche am Retterverhalten ist die Tatsache, dass Hilfe überhaupt angeboten wird.

Der Täter oder „**Verfolger**" zeichnet sich durch rechthaberisches Verhalten aus. Er ist sich sicher, im Recht zu sein und zieht andere zur Rechenschaft. Die innere

Haltung ist "Du bist schuld und nicht ich". Macht er selbst einen Fehler, dann dreht er den Spieß um und macht andere verantwortlich.

Das Hilfreiche daran ist, dass die Person aus dem Herzen keine Mördergrube macht und direkt konfrontiert.

Aber: Gut gemeint, ist nicht immer gut gemacht.

Erkennen Sie möglicherweise Ihre eigene Spielanfälligkeit? Eher beim Retter, Opfer oder Verfolger?

Beispiel, wie das Drama-Dreieck läuft

Am Morgen stellt der Chef fest, dass die Präsentation fehlt und stellt die Assistenz lautstark zur Rede.

Die Assistenz verteidigt sich und fühlt sich als Opfer. Sie müsse die Kollegin vertreten und könne noch nicht alles wissen.

Die Betriebsrätin wird zufällig Zeugin des Vorfalls und versucht zu retten "Sie können s:o nicht mit Ihrer Mitarbeiterin umgehen! Führung sollte anders aussehen."

Der Chef zeigt sich „nicht einsichtig," woraufhin der Betriebsrat schärfer wird und behauptet: "Das ist nicht das erste Mal und vielleicht sind Sie als Führungskraft überlastet." Damit wechselt der Betriebsrat vom Retter zur Angreiferrolle.

Die Assistenz greift ihn ebenfalls an oder versucht zu retten, was zu retten ist. "Naja, er ist nicht immer so, nur heute... "

Wie beende ich psychologische Spiele oder ich spiele ich erst gar nicht mit?

- Spiele sind oft durch bestimmte Schlüsselwörter erkennbar, wie "immer", "nie", "ja, aber", "ständig", "eigentlich" usw.
- Fragen Sie sich, welche Worte typischerweise in den jeweiligen Rollen des Dramadreiecks verwendet werden.
- Es ist ratsam, Einladungen zu Spielen grundsätzlich abzulehnen.
- Versuchen Sie, den anderen weiterhin als Mensch zu sehen, auch wenn er in diesem Moment etwas sagt, das Ihnen nicht gefällt. → Positive Absicht

Beispiel: *Eine Erzieherin ärgerte sich maßlos über eine Kollegin, die die gebastelten und vorbereiteten Projektobjekte abgehängt hat, um ihre eigenen Sachen dort aufzuhängen. „Wie kann sie das nur machen?“*

Als ich sie fragte, was denn gewesen wäre, wenn Ihre Lieblingskollegin das gemacht hätte, antwortete sie sofort: “Das wäre okay gewesen!“ <<

- Das ist ein guter Trick, vor unserem inneren Auge die Person, die die Ärger-Aussage tätigt, gedanklich durch eine andere (nette) Person zu ersetzen. Sie werden feststellen, dass Ärger meist verfliegt.

- Wenn das noch nicht der Fall ist, können Sie das Problem jetzt kommunizieren, weil das Denken wieder zugänglich ist.

- Ob der andere das, was er / sie gesagt hat, genau so gemeint hat oder nicht, erschließt sich uns in diesem Augenblick der Reaktion nicht.

Versuchen Sie eine positive Absicht zu unterstellen, auch wenn er es gerade nicht so glücklich formuliert. Dann fragen Sie schlicht nach, spiegeln und prüfen, ob Ihre Annahme mit der des anderen übereinstimmt.

- Fragen Sie sich einmal, wie sich Ihr Gegenüber gerade fühlt. Befindet er/sie sich auf Erwachsenen-ebene? Sie auch?
  Treffen Sie eine Übereinkunft, worüber Sie beide sprechen oder was Sie gemeinsam tun werden, und setzen Sie es dann um, wenn beide damit einverstanden sind (Vertragsarbeit).

- Geben Sie **positive Zuwendungen**.
  Bedanken Sie sich zum Beispiel dafür, dass die Person mit dem Gespräch einverstanden ist, Ihnen eine Mitteilung gemacht hat oder bereit ist, mit Ihnen zusammenzuarbeiten. Keine Sorge, das wird niemand missverstehen. Ein kleines Danke wirkt oft Wunder.

- Fragen Sie sich: "Was will ICH jetzt in diesem Augenblick?" oder "Was ist mein Ziel?"

- Verzichten Sie auf Ratschläge (Retterimpulse) und zeigen Sie lieber Verständnis, indem Sie zustimmend nicken oder eine der obigen Fragen stellen.

- Stellen Sie Rückfragen nach dem Hintergrund der Frage „Wieso fragst du mich?“ „Womit kann ich dir helfen?“

- „Wo liegen deine Bedenken?“ (funktioniert besonders gut bei Ja-aber-Spielen

Und zuletzt: Sie sind absolut in Ordnung, so wie Sie sind, und der andere auch. Das, was zwischen Ihnen stattfindet, ist ein **Missverständnis** und kann geklärt werden. Sie beide haben alles, was Sie brauchen, um ein gutes Gespräch zu führen.

Eisberg voraus

Ins Eis eingebrochen? Eiskalt erwischt?

80 % aller nicht wahrnehmbaren Informationen finden unter der Oberfläche statt. Wie können wir mehr darüber herausfinden?

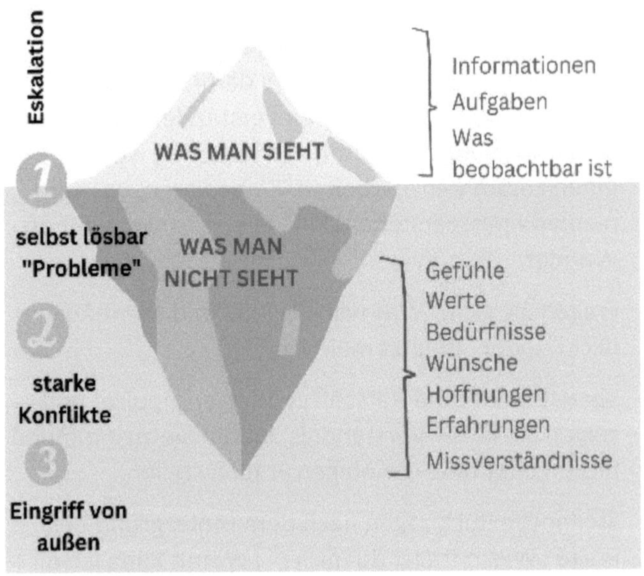

Erste Hilfe

① Beobachten Sie Ihre Reaktionen.
Welche (starken) Emotionen kommen in Ihnen hoch? Es spielt im Moment keine Rolle, dass Sie möglicherweise noch nicht genau wissen, was sie ausgelöst hat.

- Schlägt das Herz schneller? Angst?
- Spannt sich der Körper an und fühlt sich erhitzt? Wut?

② Nehmen Sie sich nach jedem Auftauchen etwas Zeit zum Reflektieren. Schreiben Sie das ruhig auf:

- • Was haben Sie gefühlt?
- • Wie haben Sie reagiert?
- • Wo genau waren Sie in diesem Moment?
- • Wer war bei Ihnen?
- • Was haben Sie gerade getan?

③ Erinnern Sie sich nochmal an das Kapitel Reptiliengehirn. In welchem „Modus" befanden Sie sich? Fluchtinstinkt, Angriffslust oder Nichtda?

- „Ich wäre am liebsten im Boden versunken."
- „Am liebsten hätte ich ihm / ihr eine reingehauen oder so richtig mal die Meinung gezeigt."
- „Die Decke (oder der Boden) im Besprechungsraum braucht auch mal wieder einen neuen Anstrich."

Spüren Sie Ihren Gefühlen nach. Wofür waren sie jetzt wichtig? Was hätten Sie gebraucht (Bedürfnis), damit Sie sich gut bzw. besser gefühlt hätten?

Kommunikationstechnik, um der Diplomatie auf die Sprünge zu helfen:

Kommunikation nach Schulz-von-Thun

Das 4-Ohren-Modell oder Kommunikationsquadrat beschreibt vier verschiedene Aspekte oder Botschaften, die auf unterschiedliche Weise verstanden werden können. Laut Schulz-von-Thun sprechen wir mit 4 "Schnäbeln" und hören mit 4 "Ohren".

Diese umfassen den Sachinhalt, die Selbstoffenbarung, die Beziehungsebene und die Appellebene. Aufgrund dieser vielfältigen Mischung entstehen häufig Missverständnisse.

Der **Sachinhalt** (oberer Teil des Eisbergs) beinhaltet alle relevanten Daten und Fakten, die Informationen liefern. Man kann Informationen auf dieser Ebene bewerten und sie als wahr/unwahr, relevant/irrelevant oder vollständig/lückenhaft einschätzen.

Oberer Teil des Eisbergs und realistische Sicht auf eine Situation. „So und so ist es!“ oder „Das habe ich beobachtet.“

Selbstkundgabe bedeutet, dass jeder Mensch bewusst oder unbewusst etwas von sich preisgibt. Gefühle, Perspektiven, Werte, Bedürfnisse oder Eigenarten werden oft nonverbal oder durch den Tonfall vermittelt und sind der Grund für Interpretationen seitens des Empfängers.

So sehe ich die Sache. So geht es mir damit. Das halte ich davon. Das.. brauche ich.

Der **Beziehungshinweis** wird durch die Formulierung, Mimik, Gestik oder den Tonfall des Senders ausgedrückt und zeigt an, wie er zur Person steht oder was er von ihr hält. Der Empfänger spürt dies und kann sich angenommen, respektiert, abgelehnt oder wertgeschätzt fühlen.

Ich spreche so, wie ich unser Miteinander, unsere Rollen und unsere Funktionen verstehe. Hierarchien, Machtverständnisse, Verantwortlichkeiten

Der Appell besteht darin, dass der Sender in der Regel mit seinen Worten etwas beim Empfänger erreichen möchte. Dabei werden oft Wünsche, Aufforderungen oder Handlungsanweisungen versteckt übermittelt.

Der Empfänger fragt sich dann, was er jetzt tun, denken oder fühlen soll und versucht, zwischen den Zeilen zu lesen.

Wozu möchte ich den Anderen veranlassen?
Was soll die Person genau tun?

Beispiel: Zwei Kollegen arbeiten in einem Büro. Marie ist schon da und Markus kommt herein. Er gähnt und fragt: „Ist Kaffee da?" Marie ist sauer. „Immer muss ich den Kaffee kochen und du kommst gemütlich später!"

Markus weiß nicht, wie ihm geschieht. Er ist Opfer der Ärgertreppe geworden, bei Marie gab es vorher schon mehrere Ärgersituationen, mit den Markus vermutlich gar nichts zu tun hatte. Er war zufällig zur falschen Zeit am falschen Ort.

Praktische Hinweise

- Alle vier Seiten des Kommunikationsquadrats sind vorhanden.
- Es ist möglich, Aussagen und Reaktionen jederzeit zu hinterfragen.
- Die Ausprägung der vier Seiten variiert bei jedem Individuum. Manche Menschen legen mehr Wert auf die Beziehungsebene, während andere eher sachorientiert kommunizieren.
- Wenn Sie unsicher sind, wie eine Information gemeint ist oder den Hintergrund nicht verstehen, fragen Sie nach.
- Klare und beschreibende Formulierungen sind äußerst hilfreich.

Nur in der Beziehung findet Beziehung statt!

- Im geschäftlichen Kontext kann es helfen, die Rollen zu klären und von diesen aus in der Beziehung zu kommunizieren. „Ich spreche als Kollege.. als Personalleiter.. in meiner Verantwortung für..“
- Wenn es zu Störungen auf der Beziehungsebene kommt, kann eine **vorübergehende Erhöhung der Selbstoffenbarung** hilfreich sein.

Es ist offensichtlich, dass die Kommunikation nicht reibungslos verläuft, wenn eine oder mehrere Seiten nicht gesendet oder empfangen werden.

Beispiel privat

Sachinhalt: „Der Mülleimer ist voll." AHA.

Appell: „Bring ihn runter, leere ihn aus." Du, nicht ich.

Beziehung: „Du bist verantwortlich dafür, das ist deine Aufgabe." Oder „Solange du hier wohnst, kann ich dir sagen, was du zu tun hast!"

Selbstoffenbarung: „Ich kann doch wohl erwarten, dass du deinen Teil im Haushalt machst." Oder „Es freut mich, wenn du deinen Teil im Haushalt erledigst." (Ausgleich von Geben und Nehmen)

Beispiel Beruf

Sachinhalt: Mit dem Projekt sind wir beim Abgabetermin vier Wochen über der Zeit.

Appell: Beende das Projekt jetzt. Oder Sag mir, was das los ist, erkläre dich.

Beziehung: Sie sind mir gegenüber rechtfertigungspflichtig. Sie sind verantwortlich, schuld..

Selbstoffenbarung: Ich möchte wissen, warum das passiert ist, ich bin erschrocken, als ich den Termin gesehen habe., der Kunde nachgefragt hat... oder Ich bin sauer, weil ich keine Rückmeldung bekommen habe, dass hier etwas ganz und gar nicht in Ordnung ist.

Der Empfänger hat grundsätzlich die Freiheit, auf welche Seite der Nachricht er reagieren möchte.

Hier mal eine Übersicht der gängigen Kommunikationstechniken entsprechend den verschiedenen Aspekten des Kommunikationsquadrats.

Inhalt Sachlich bezogen bleiben Verständlich sprechen Genau und analytisch zuhören	Selbst-Kundgabe Im Ich sprechen, nicht per Man Die eigene Meinung ausdrücken Absichten / Anliegen und Ziele benennen
Appell Auf Fairness und Ausgleich achten Interessenbasiert und schlüssig argumentieren, Fragen stellen, Hintergründe benennen	Beziehung Aktiv und wohlwollend zuhören Gefühle ansprechen Feedback / Strokes geben und annehmen Rollen klären

Diplomatisch reagieren und Gefühle einbeziehen = Beziehung vor Inhalt

Oftmals bemerken wir überrascht, wie bestimmte Worte offensichtliche Reaktionen hervorrufen, die entweder förderlich oder hinderlich für unsere Gesprächsziele sind, selbst wenn sie sachlich nicht besonders relevant sind.

Wir Menschen sind nicht immer gut in der Lage, unsere Gefühle auszudrücken. Vielleicht tun Sie sich damit auch nicht so leicht, insbesondere im beruflichen Kontext.

Es ist kein Geheimnis: Wenn man positiven Emotionen wie Freude, Begeisterung und Empathie gezielt zum Ausdruck bringt, hat das den Effekt, dass Botschaften und Anliegen überzeugender vermittelt werden.

Vermeiden Sie unkontrollierte Ausbrüche von Emotionen. In Situationen mit launischen Gesprächspartnern, wie Cholerikern, bewahren Sie Ruhe und halten Sie Distanz. Wenn nötig, beenden Sie das Treffen.

Positive Gefühle haben wir, weil sich unsere Bedürfnisse erfüllt haben, negative, weil sie das nicht getan haben.

Dabei spielt es keine Rolle, ob sie die Gefühle kommunizieren, es reicht, die Klärung für sie selbst.

Denn Bedürfnisse sind der Wegweiser, um die richtigen Strategien zu wählen.

Beispiele für Gefühle

- Anziehung
- Ärger
- Aufregung
- Dankbarkeit
- Ehre
- Einsamkeit
- Entspannung
- Erleichterung
- Freude
- Gelassenheit
- Hass
- Langeweile
- Liebe
- Mitgefühl
- Mitleid
- Ruhe
- Stolz
- Traurigkeit
- Überraschung
- Verbundenheit
- Wut
- Zorn
- Zufriedenheit
- Scham

Beispiele für Bedürfnisse

- Anerkennung
- Autonomie
- Dankbarkeit
- Durchsetzung
- Erfolg
- Freundschaft
- Gemeinschaft
- Glück
- Kreativität
- Liebe
- Macht
- Ruhe
- Schlaf
- Schutz / physische Sicherheit
- Selbstverwirk-lichung
- Selbstwirksamkeit
- Soziale Akzeptanz
- Status
- Wertschätzung
- Zugehörigkeit zu einer Gruppe

Bedürfnisse und Interessen

Es ist nicht so schwierig, die Bedürfnisse herauszufinden. Man geht schon lange davon aus, dass alle Menschen grundsätzlich die gleichen Bedürfnisse haben, unabhängig von Bildung, Kultur oder persönlichen Situationen.

In der **Kommunikation** finde ich nach wie vor die Maslowsche Bedürfnispyramide ganz hilfreich. Zumindest, was das Stufenmodell für die Kommunikation bedeutet – und deshalb sind wir ja hier, um Probleme zu lösen - gibt es eine Rangfolge.

Physiologische Grundbedürfnisse

Jeder Mensch hat das grundlegende Anliegen nach Erfüllung der physiologischen Grundbedürfnisse. Ich passe das hier einmal einem Konfliktgespräch an: Wenn Sie Teilnehmer in einem wichtigen Gespräch sind, dessen Ergebnis wichtig ist, und Ihnen ist kalt oder Sie haben Durst und Hunger – wie gut soll dieses Gespräch dann verlaufen? Können Sie sich dann noch auf den Inhalt konzentrieren. 100 % jedenfalls nicht.

Was können Sie tun, um diese Ebene so abzusichern, damit Ihr Gesprächspartner hier nicht durch Nichterfüllung bereits der Grundbedürfnisse abgelenkt ist?

- Sie laden in einen Raum ein, der es möglich macht, frostfrei und trocken zu verhandeln. Muss man so etwas erwähnen? Ja, ich habe schon Räume erlebt, die waren so kalt, dass es selbst unempfindlichere Zeitgenossen zum Anziehen der Jacken gebracht hat.

- Getränke vorbereiten, bedeutet sich auf seinen „Gast“ vorzubereiten.
  Es gibt kaum etwas Deutlicheres als die Aussage: „Wir sollten uns mal bei einer Tasse Kaffee zusammensetzen und über unsere Probleme sprechen.“ Kaffee (oder Tee) ist in unserem Kulturkreis das Äquivalent zur Friedenpfeife, also so etwas wie ein **Friedenskaffee**. Ein Friedensangebot.

- Sich überhaupt auf ein Gespräch einzustellen, heißt, das Gegenüber (und sich selbst) wichtig genug zu nehmen, dass man sich Mühe gibt. Immerhin haben wir es nicht mit einem **Gegner** zu tun, oder haben Sie den Begriff Gesprächsgegner oder Verhandlungsgegner schon einmal gehört? Gibt es nicht.

- Dann liegt es auf der Hand, dass ich meinen Gesprächs-**Partner** oder Verhandlungs-Partner auch partnerschaftlich behandle und am besten gleich davon ausgehe, dass er (oder sie) mich nicht über den Tisch ziehen wird. Wäre ja auch nicht gerade partnerschaftlich. Wie ich das vermeide, zeigen wir weiter unten.

Sicherheitsbedürfnisse

Wenn der Andere noch ständig damit beschäftigt ist, sich zu fragen, was gleich passiert und seine Sicherheit beeinträchtigt. Ob das wirklich so ist, spielt erst einmal keine Rolle, weil Bedürfnisse von vielen Faktoren abhängig sind.

Beispiel im Mitarbeitergespräch:
Inwiefern kann sich ein Mitarbeiter effektiv auf ein Gespräch einlassen, um seine Rolle im Team zu

besprechen, wenn die Sorge besteht, dass der Fehler aufgedeckt wird und möglicherweise sogar unangenehme Konsequenzen drohen?

Beispiel Zuhause:

Wenn in der Nachbarschaft eine Person ständig den Garten betritt, ohne eingeladen zu sein, und sich der Bewohner dadurch zuhause nicht mehr zuhause fühlt, wie kann dann das Gespräch über das Wegerecht stattfinden?

Was können Sie tun?

- Sie könnten dem Gegenüber den Gesprächsprozess kurz erläutern. „Ich möchte mit Ihnen über die Zusammenarbeit im Team sprechen und über die Qualität der Aufgabenergebnisse und was Sie und ich tun können…“ „Es ist mir wichtig, dass dieses Gespräch fair abläuft und wir beide zu unserem Recht kommen. Was genau möchten Sie in diesem Gespräch erreichen?“

Damit ist eine gemeinsame Gesprächsbasis geschaffen und bereits die ersten Interessen geklärt, wie das Gespräch ablaufen soll.

Soziale Bedürfnisse

Die sozialen Bedürfnisse sind diejenigen, die das Individuum prägen und uns zu den Menschen machen, die wir sind und sein wollen. Denn nur in der Wechselwirkung mit Anderen erfahren wir unsere Bedeutung als Menschen, werden angenommen oder auch mal nicht, können uns zeigen und mitgestalten oder erfahren Grenzen.

Individuelle Ich-Bedürfnisse

Ich-Bedürfnisse ist an und für sich ein komisches Wort, denn alle Bedürfnisse dienen dem eigenen Wohl (bis auf die Fürsorge, hier steht das Wohl eines Anderen im Mittelpunkt). Von daher sind alle Bedürfnisse letztlich Ich-Bedürfnisse.

Auf dieser Ebene hilft Ihnen die Klärung Ihrer Rollen in Bezug auf den Konflikt. In welcher Rolle sind Sie eher klar, in welcher Rolle betrifft Sie das Problem besonders? In welcher Rolle begegnen Sie dem Anderen?

Es macht einen Unterschied, ob Sie dem Kollegen in seiner Eigenschaft als Arbeitskollege (mit dem Sie gemeinsam ein Projekt bearbeiten) oder als Konkurrenten beim Status gegenüber dem Vorstand begegnen.

Es macht ebenfalls einen Unterschied in der Bettgehzeit, wenn Sie gerade noch mit dem Kind wild getobt haben, ob Sie sich als Spielkamerad sehen oder als Erzieher. Und ob das Kind den Wechsel, wenn es vielleicht zu schnell ging, ebenfalls verstanden hat. Worauf ich hinaus möchte, ist, dass es sich lohnt, die Rolle für sich zu klären und dann daraus schlüssig zu kommunizieren. Das hat eine völlig andere Wirkung.

Strategien zur Erfüllung unserer Bedürfnisse

Bedürfnisse sind nicht verhandelbar – Strategien schon.

Gerade in Konflikten und im Stress neigen wir dazu, immer wieder die gleichen alten Muster zu wiederholen.

Da die meisten Menschen ähnliche Grundbedürfnisse haben, könnten wir uns in diesem Bereich schnell verständigen. Konflikte können jedoch entstehen, wenn wir unterschiedliche Strategien wählen, um diese Bedürfnisse zu erfüllen. Insbesondere dann, wenn wir hartnäckig an Strategien festhalten und darauf beharren, dass das Ergebnis sich irgendwann ändert.

Ist es möglich direkt das Bedürfnis hinter der Strategie zu finden?

Jein. Wenn der Nachbar über die Hecke hinweg laut wird, dann kann ich mir denken, dass er wütend ist oder zumindest ärgerlich, und könnte so reagieren: „Wenn Sie so herumschreien, dann zeigen Sie nur, dass Sie im Unrecht sind." Oder „Sie müssen sich beruhigen, Sie sind viel zu laut."

Das wird den Konflikt verschärfen, der Nachbar fühlt sich nicht gehört, nicht verstanden, beschuldigt usw. Damit bleibt er auf all seinen nicht verstandenen Bedürfnissen sitzen und wird seine Strategie eher verstärken oder aufgeben. Gelöst ist nichts. Erinnern Sie sich an den Satz: Konflikte verschwinden nicht durch Ignorieren.

Wir finden manchmal keine bessere Strategie als die, die uns gerade einfällt. Aber muss ich mich deshalb anschreien lassen? Nein natürlich nicht.

Schaffen Sie es, die Beschimpfungen und verbalen Drohungen ein wenig abzudämpfen? (Ton gedanklich leiser stellen).

Versuchen Sie zu erkennen, was der Andere gerade braucht. Nach meiner Erfahrung reicht es in den allermeisten Fällen tatsächlich aus, zu verstehen und verstanden zu werden. Wir sind damit noch nicht bei der Lösung, aber **das Bedürfnis, verstanden zu werden, scheint wichtiger zu sein.**

Spiegeln (und Paraphrasieren) ist jetzt die Technik der Wahl.

> Raten Sie halt und fragen Sie den Anderen, ob das so stimmt. Bitte nicht behaupten: „Aha, so einer bist du also…“ sondern fragen Sie: „Was hättest du denn gebraucht / gewollt?“

Dabei ist es nicht wichtig, dass Sie mit Ihrer Vermutung sofort richtig liegen. Schon die Tatsache, dass Sie sich für die Bedürfnisse Ihres Gegenübers interessieren, führt zu einer Deeskalation der Situation.

Leichter gesagt als getan

Eine solche erwachsengerechte Reaktion setzt Selbstklärung voraus und dass wir uns nicht angegriffen oder kritisiert fühlen. Sonst besteht schnell die Gefahr, dass wir uns in die Verteidigungshaltung begeben und uns rechtfertigen.

Noch eine diplomatische Kommunikationstechnik: Gewaltfreie Kommunikation

Der 4-Schritte-Dialog ist eine schrittweise Methode der Kommunikation, die aus der gewaltfreien Kommunikation von Marshall B. Rosenberg stammt. Gewaltfreie Kommunikation bedeutet im eigentlichen Sinne nicht gewalttätig zu sein.

Dennoch enthält unsere Kommunikation oft Gewalt:

- Ablehnende Gesten
- Abwertende Worte und Geräusche
- Das Gespräch abbrechen
- Schreien
- Beleidigen oder verspotten
- Aber auch mit Aussagen wie "Da muss man doch mal dazwischenschlagen" oder "Was will die schon wieder" (ohne Nennung von Namen) - beobachte einfach mal während du sprichst deine Wortwahl oder höre anderen zu. Es ist erstaunlich und manchmal sogar verstörend.

Gewaltfreie Kommunikation benötigt Empathie. Wenn Menschen in der Lage sind, auf ihren Gesprächspartner einzugehen, besteht eine höhere Wahrscheinlichkeit, dass das Gegenüber kooperativ ist und offen für unsere Bedürfnisse ist.

Wenn wir einander nicht zuhören, werden wir uns nicht verstehen. Und das Nicht-Verstehen ist der Nährboden für Konflikte. Deshalb eskalieren Konflikte oft so weit, dass wir einander überhaupt nicht mehr zuhören können.

Die gewaltfreie Kommunikation sollte daher nicht nur als reine Technik betrachtet werden. Da Sie sicher bereits andere Kapitel durchgearbeitet haben, gehe ich davon aus, dass klar ist, dass das dominante Krokodil das Säugerhirn einfach nicht hört.

Die 4 Schritte der gewaltfreien Kommunikation

Kommunikation kann immer wieder von Neuem aufgenommen und fortgesetzt werden kann, wenn wir es wollen und es stimmig und vernünftig ist.

1. Beobachten in der Situation
2. Gefühle erkennen und formulieren
3. Bedürfnisse erkennen und äußern
4. Bitten formulieren

Das erinnert Sie stark an die gehirngerechte Kommunikation? Stimmt. Alles greift ineinander wie Zahnrädchen.

Je nachdem, wie es mir innerlich geht, werde ich kommunizieren, und gemeinsam treiben wir dann das Schwungrad der Kommunikation an, mit dem Ziel, in Kontakt zu kommen. Es ist leicht vorstellbar, dass, wenn eine Person in die eine Richtung dreht und die andere Person sich entgegengesetzt dreht, eines der Ritzel abbrechen kann und das Rad immer wieder an derselben Stelle feststeckt.

Probleme und Konflikte sind die Folge.

Beobachtungen statt Bewertungen

Bitte schauen Sie noch einmal in den Abschnitte über das Reptiliengehirn und die Wahrnehmung.

Es ist hilfreich, Beobachtungen anstelle von Bewertungen auszudrücken, da das, was wir glauben gehört zu haben, oft nicht das ist, was der andere wirklich gesagt hat.

Interpretationen lassen viel Raum für Missverständnisse und Fehlinterpretationen. Bewertung: "Dein Zimmer ist total unordentlich." Beobachtung: "In deinem Zimmer liegen drei Shirts und zwei Hosen auf dem Boden und der Teller von gestern steht auf dem Bett."

Gefühle erkennen und benennen

Das Zulassen und Ausdrücken von Gefühlen ist heutzutage oft ungeübt. Wir nehmen oft an, dass wir Gefühle haben, nur weil wir denken. Also, wir waren um 15 Uhr verabredet und jetzt ist halb vier. Ich bin sauer und friere hier draußen.

Aha. "Und warum bist du dann nicht schon reingegangen?" Jetzt wird es kompliziert. Ein Gefühl wurde zwar benannt (Ärgerlich), aber reicht das aus?

Nein, denn die Gefühle sind nicht authentisch, wenn wir sie auf Bewertungen zurückführen. Wir haben Gefühle, weil ein Bedürfnis entweder nicht erfüllt wurde oder weil es erfüllt wurde!

Bedürfnisse

Was will ich? Was brauche ich? Wer kann mir bei der Erfüllung meiner Bedürfnisse behilflich sein? Die Bedürfnisse herauszufinden, insbesondere die wahren Bedürfnisse, ist nicht so einfach. Dabei können uns die Gefühle als Wegweiser dienen.

Stellen Sie sich bitte folgendes **Bild** vor: Sie haben auf einem See eine Reihe von bunten Bojen. An diesen Bojen sind Zettel befestigt, auf denen verschiedene Emotionen wie Trauer, Freude, Glück, Angst, Wut usw. stehen. Nun ziehen Sie vorsichtig an den Bojen und schauen, welche Wünsche dahinter hängen.

Es könnten beispielsweise der Wunsch nach Anerkennung, Aufmerksamkeit, Handlungsfähigkeit, Frieden oder Beteiligung sein.

„Ich ärgere mich, (halb vier statt drei Uhr), weil ich mich gerne auf unsere Verabredungen verlassen möchte..“

Das Bedürfnis: Ich möchte mich gerne verlassen können, ist NICHT verhandelbar, wie sich das erfüllt dagegen schon. Das ist ein großer Unterschied. Ich kann hervorragend darüber diskutieren, wie ich möchte, dass Anerkennung ausgedrückt wird, aber dass ich sie haben möchte, wird nicht in Frage gestellt.

Bitte

Fragen Sie sich, was Sie gerne möchten, dass die andere Person tut oder lässt. "Räum jetzt dein Zimmer auf, bitte." Trotz des Wortes Bitte bleibt es eine **Forderung, wenn** ich **nicht zulasse**, dass die andere Person mit JA oder NEIN antworten kann.

Das hat alles mit Haltung zu tun. Ein (kleiner) Maßstab für eine Bitte wäre: Es bleibt eine Bitte, wenn die Bitte verhandelt werden kann, offen, frei und auf Augenhöhe.

Vokabeln / Schlüssel-Formulierungen, damit es einfacher wird. Wer Worte hat, kann sich leichter ausdrücken.

Bitte überlegen Sie sich selbst ein paar Vokabeln, die für Sie passen oder die Sie benutzen:

Beobachtungen:	**Gefühle**:
Ich sehe ... Ich nehme wahr ... Ich habe gehört, dass ... Ich erinnere mich an ... Mir ist aufgefallen, dass ...	Ich fühle mich ... Mir geht es ... Ich bin momentan ...
Bedürfnisse:	**Wünsche & Bitten**
Ich brauche ... Mir ist ... wichtig. Mir fehlt ... Ich sehne mich nach ... Schade, dass ich nicht mehr ... erfahre. Ich suche nach ...	Bitte ... Würdest du ... Was hältst du davon ... Ich wünsche mir ... Ich frage mich, ob du ...

Am Anfang hilft es, sich schriftlich auf schwierigere Gespräche vorzubereiten.
Führen Sie sich bitte eine konkrete Situation vor Augen.

Beobachtung
Um welches real beschreibbare verbale oder non-verbale Verhalten handelt es sich? Was genau hast du gesehen, gehört, was wurde gesagt, getan...? Wer war dabei?

Gefühle und Stimmungen
Welche Gefühle hat das in dir ausgelöst?

Bedürfnisse
Was hast du getan, um deine Bedürfnisse auszugleichen? Was war dir in dieser Situation wichtig? Was hättest du gebraucht?

Welche konkrete Bitte hätte ich formulieren können, habe ich formuliert?
Formuliere es positiv ohne Nicht und ohne Forderung. Rückwirkende Reflexion der eigenen Anteile: Was hast du getan? Was hast du nicht getan? Was könntest du tun? Worum könntest du bitten?

Vorhersehbare Eskalation von Konflikten

In einem Konflikt verstricken wir uns schnell, verlieren uns und den Anderen aus dem Blick, sind gekränkt und verletzt.

- Der Andere hat gute Gründe für sein Handeln? Niemals.
- Der Andere hat ein Bedürfnis, das er gerade nicht benennen (kann) möchte? Pff.
- Der Andere will mich über den Tisch ziehen? Ja eindeutig.

Wir nehmen nur noch das Negative wahr und unterstellen Bosheit. So wird aus einer Mücke wirklich ein Elefant. Als Mediatorin bin ich manchmal schon verwundert, dass sich Menschen im Alltag überhaupt noch begegnen können.

Niemand spricht über den Elefanten, während dieser wächst und gedeiht und leider stetig gefüttert wird.

- Die Empathie füreinander geht verloren
- Jede Interaktion bestätigt nur noch die wechselseitigen Feindbilder, sogar Versöhnungsangebote werden als Taktik abgewertet
- Die Einfühlung und Rückkoppelung auch auf die eigenen Bedürfnisse gehen verloren
- Wir machen „komische" Sachen, die wir unter normalen Bedingungen niemals in Erwägung gezogen hätten. Aber die Situation ist nicht mehr normal, jedenfalls gefühlt.

So banal es klingt: **Reden hilft.** Denn Schweigen führt genauso wie ständige Vorwürfe, zu Verhärtung und Entfremdung.

Wer einen Konflikt wirklich lösen will, muss sich mit sich selbst auseinanderzusetzen und einsehen, dass wir alle Anteil am Konflikt haben durch Handlung oder durch Unterlassung. Aber deshalb lesen Sie das hier ja.

Solange Sie oder Ihr Gegenüber im Reptiliengehirn (Stammhirn) „festsitzen“ ist eine Konfliktlösung nicht möglich. Solange wir im Reptiliengehirn dem „Kampf-modus oder Fluchtmodus“ folgen wird kein Gespräch mehr zustande kommen. Ihre Chancen, unbeschadet alle beide aus der Situation rauszukommen, sinkt dramatisch.

Konflikte lösen mit Herz und Verstand

Probleme, die man konsequent ignoriert, verschwinden nur, um Verstärkung zu holen (A. Nusko)

- Missverständnisse und Konflikte sind normal, viele lassen sich verhindern, wenn wir herausfinden, was unser Gesprächspartner und wir selbst gerade brauchen.
- Gefühle sind recht lebendig. Letztlich sind wir immer selbst verantwortlich dafür. Gefühle signalisieren uns, ob unsere Bedürfnisse gerade erfüllt werden oder nicht.
- Auch unser Gesprächspartner äußert und zeigt Gefühle. Ist er wütend oder traurig, sind auch bei ihm ganz offensichtlich Bedürfnisse nicht erfüllt.

Beispiel: Sie sitzen in einer Besprechung und zwei Kollegen sprechen miteinander, ohne Sie einzubeziehen, obwohl Sie gerne möchten.

Wie geht es Ihnen? Wenn Sie sich traurig und enttäuscht sind, ist möglicherweise das Bedürfnis nach Zugehörigkeit, Kontakt oder Austausch nicht erfüllt. Dabei spielt es vorerst keine Rolle, dass Sie ja hätten etwas sagen können. Es könnte auch sein, dass Sie froh sind, dass Sie Ihre Ruhe haben. Ob Ruhe oder Enttäuschung, das Gefühl hängt nicht vom Verhalten der Kollegen ab, sondern von **Ihren** Bedürfnissen.

Keine Rechtfertigung

Jeder ist für seine eigenen Gefühle verantwortlich, der Andere ist nicht wütend auf SIE, sondern er ist wütend, WEIL sich seine Bedürfnisse nicht erfüllt haben.

Sie wenden ein, dass die Person möchte, dass Sie das oder das tun, also sind Sie sehr wohl beteiligt und verantwortlich?

Unterscheiden Sie bitte noch einmal zwischen Strategie und echten Bedürfnissen. Wenn Ihr Partner fordert, dass Sie die Wäsche abends nicht auf dem Boden liegen lassen und Sie sich darüber streiten, dass sie das schon wegräumen werden, dann hat das nichts mit den Bedürfnissen zu tun.

Wir sagen schon mal gerne: „Ich habe das Bedürfnis, dass Du mich nicht störst." Das ist leider kein Bedürfnis, sondern eine verkleidete Anweisung. Meist droht dann Ärger.

Vorbeugend oder nach der ersten Reaktion des Anderen, klären Sie die Situation und drücken stattdessen Ihr Bedürfnis aus.

„Ich hatte einen hektischen Tag und brauche eine halbe Stunde meine Ruhe."

„Ich möchte mich auf unsere Absprachen verlassen können und brauche Ihre Rückmeldung, wenn Sie den Termin nicht halten können."

Kinder sollten schon lernen, dass sie Ordnung halten, das ist Teil unserer Aufgabe als Eltern, aber **dem Partner gegenüber habe ich keinen Erziehungsauftrag!** Warum also möchte er / sie, dass die Wäsche verschwindet? Geht es um Ordnung (Bedürfnis) oder ums Prinzip (Erziehung).

Das Schöne ist dabei, Sie können sich diese Frage **heimlich** erst einmal selbst beantworten. Wenn es sich um die Formulierung eines Bedürfnisses handelt, werden Sie das kommunizieren können und als Wunsch benennen.

Meist wird der Partner es dann gerne tun, für Sie und wenn es manchmal nicht gemacht wird, dann können Sie sich überlegen, wie sie Ihr Bedürfnis noch erfüllen können. 😊

- Partner räumt weg
- Sie räumen weg
- Sie lassen es liegen oder schieben es unters Bett, dann sehen Sie es nicht
- Sie lassen jemand anderes aufräumen...

Es gibt sicherlich noch mehr Strategien, einige davon grotesk, aber möglich.

Fazit: **Bedürfnisse verbinden uns Menschen miteinander**.

Solange ein Mensch an nur einer Strategie festhält, findet er sich oft in der Opferrolle wieder. Denn die Gefahr ist groß, dass die Umgebung mit der gewählten Strategie nicht einverstanden ist und Konflikte entstehen oder sich verschärfen. Je offener wir für verschiedene Strategien sind, desto höher ist die Wahrscheinlichkeit, dass es gelingt.

Doch dazu müssen wir uns zuerst unsere eigenen Bedürfnisse bewusst machen.

Konflikte lassen sich sehr schnell beilegen unter 2 Bedingungen.

- Jeder äußert klar seine eigenen Bedürfnisse
- Jeder kann die Bedürfnisse des Anderen so benennen, dass dieser bejahen kann und sich verstanden fühlt.

Echte Bedürfnisse sind nicht verhandelbar und können nicht streitig gemacht werden.

M. Rosenberg: Bedürfnisse sind immer etwas Positives. Etwas was du brauchst, damit du leben kannst und dich wohlfühlst.

Verhandeln - Was aber in einem scheinbar aussichtslosen Fall tun?

In sehr verhärteten Fällen hilft oft nur noch eine Hilfe von außen. Ein Konfliktcoach oder Mediator ist der Experte und Profi für das Stellen der passenden Fragen und Zuhören im richtigen Moment, was den Streitenden nicht mehr gelingt. Deshalb verhärten sich Konflikte so, dass man einander gar nicht mehr zuhören kann. Mediation hilft weiter, allein schon deshalb, weil es keine Verlierer gibt.

In kurzer Zeit sind Sie dann in der Lage, wieder selbst miteinander zu sprechen, wenn es denn notwendig sein sollte und Sie das wollen.

Wir sind für Sie da:

www.pfeos.de Gisela, Peter und Max Krämer

Vielen Dank fürs Lesen.

Ihre Gisela Krämer

Wenn Sie das alles super finden, dann gibt's hier auch was Tolles:

Regelmäßige Impulswebinare zu Themen aus Kommunikation, Führung und Umgang mit Konflikten

Mehr Details zu den Methoden und Modellen finden Sie hier:

Folgen Sie uns auf LinkedIn und erhalten immer aktuell neue Infos: